AF509623

LE FIGUIER,

SERMON

Sur Saint Mathieu, Chapitre 21, Verset 19.

PAR

ISAAC SARRAV.

A NIORT,

Par la Veuve PHIL. BUREAU, Imprimeur, & Marchand Libraire.

M. DC. LXXXIII.

A MONSIEUR,

MONSIEUR LE MARQUIS DE Ruvigny, le Fils, Nostre Deputé Général auprés de Sa Majesté.

ONSIEVR,

Vous ſavez que les jours de Ieûne ſont célébres parmy nous. On a de l'impatience que les Portes du Temple s'ouvrent, pour aler en foule, avec une profonde, & douloureuſe humiliation ſatiſ-faire aux devoirs de cette Dévotion extraordi-naire. Ce n'eſt pas, Monſieur, qu'il n'y ait là quelque choſe de deſagreable à l'homme ; car on n'entend pas ſans-peine, les Cenſures rigides qui s'y font des mœurs vicieuſes, & relachées, ni la voix des Iugemens de Dieu, qui y éclate contre les Pécheurs impenitens. On n'aime pas naturel-lement à être repris, ni à être éfrayé : l'orgueïl, & la ſecurité de la Chair, s'oppoſent fortement à cela. Mais d'autre-part, on y reçoit des conſola-tions ſi douces, & ſi-touchantes, que l'on reconnoît aiſement, que les reproches même, & les menaces,

ã ij "

sont justes, & salutaires. C'est une espéce de Martyre du cœur que l'on fuit d'abord : mais dans la suite, on y court ; parce-qu'on sait que les Couronnes de la Grace, & de la Paix s'y distribüent. C'est alors aussi, que la Parolle de Dieu fait valoir souverainement son autorité, pour jetter hors de l'homme les péchez habitüels, & enracinez : Car cette sorte de Démons, Ne se chasse que par la Priere, & par le Ieûne. En général, les Ieûnes bien réglez & bien pratiquez, sont un puissant secours pour la Pieté, & une grande aide pour la sanctification. C'est un remede éficace pour guerir les maladies de l'ame, & un excellent préservatif, pour la garentir de celles qui pourroient l'ataquer. Vous vous trouvez souvent, Monsieur, à ces actions solennelles ; & vous y entendez de fortes Prédications ; Mais plus on fait de progrez dans les Vertus Chrétiennes, moins on se lasse de ce qui peut contribüer à les entretenir. C'est ce qui me persuade, que vous agréerez la Priere que je vous fais, de permettre que je mette ce Sermon, sous vos yeux. Il me fut demandé par nôtre Peuple, dés-que je l'eus prononcé ; & je croy, ne luy pouvoir mieux donner, qu'en l'ornant de vôtre Nom Illustre. Nous avons l'honneur, Monsieur, d'avoir une relation particuliere avec vous. Tout le monde vous estime, & vous honore. Toute la France vous considére, & par la grandeur de vôtre Naissance, & par celle de vôtre merite, & par le rang que l'une & l'autre vous donnent auprés de son

Augufte Monarque.   Mais il n'y a que Nous,
qui vous regardions avec cét attachement, que
font obligez d'avoir pour Vous, ceux dont vous
êtes la Bouche auprés de ce grand Roy, pour folli-
citer fa Iuftice, & fa Clémence en leur faveur. Si
nôtre baffeffe nous éloigne de luy, dans la fuprême
élevation où il eft, & par les riches préfens du Ciel,
& par les merveilles de fes Actions Heroïques,
nous ne laiffons pas d'avoir encor le glorieux avantage, de pouvoir nous en approcher, en vôtre Perfonne. Puifsiez-vous, Monfieur, Nous continuér
la jouïffance de ce doux Privilege, aufsi long-tems,
& avec autant de confolation, pour vous & pour
nous, qu'a fait celuy qui vous a fi dignement pré-
cédé, & à qui vous fuccedez fi dignement en toutes
chofes. Puifsions-nous par vôtre Miniftére trouver
grace devant l'Oint du Seigneur, & paitre nos
Troupeaux fous fon Regne Floriffant, où nous
voyons avec admiration & avec joye, Comment
croiffent les Lys ! Puiffent aufsi nos vœux, ob-
tenir pour vous de la benediction de nôtre Dieu,
tout ce qu'il a de plus precieux, & de plus falutaire
pour l'une & pour l'autre vie. Il n'y a perfonne qui
en forme de plus ardens pour vôtre profperité que
moy, qui fuis avec refpect,

MONSIEVR,

Vôtre trés-humble, & trés-
obéiffant Serviteur,

SARRAV.

NOus avons lû le Sermon de Monſieur Sarrau, intitulé, *le Figuier*, & n'y avons rien trouvé qui ne ſoit conforme à noſtre Créance. Fait à Gironde, proche la Reolle, le 14. Février 1683.

L. MATVRIN, Miniſtre.

BEREAV, Miniſtre.

VU les Atteſtations, oüy le Procureur du Roy, permis d'imprimer. A Niort le 10. Avril 1683.

JOUSLARD.

Préſident, & Lieutenant Général.

LE FIGUIER,

SERMON

Sur Saint Mathieu, Chapitre 21. Verset 19.

Iesus voyant un Figuier qui étoit sur le chemin, il s'y adreffa, & n'y trouva rien finon des feüilles feulement; Et luy dit, que plus ne naiffe aucun fruit de toy à jamais; Et incontinent le Figuier fecha.

Prononcé à Begle prés de Bordeaux, le 15 Avril 1682. jour de Ieûne ordonné par le Synode tenu à Sainte-Foy, par permiffion du Roy le 3. Dec. 1681.

Vtrefois les Iuifs accompagnerent Iefus-Chrift au fepulchre d'un Mort, à qui ils virent reprendre la vie. Le Lazare étendu dans le tombeau, où il étoit dans les tenebres & dans les liens de la mort, fut par la voix de Iefus-Chrift, *Lazare fors debors*, retabli dans la lumiere & dans la liberté de la vie. O le grand & l'aimable miracle ! Miracle de grace & de

faveur pour les Iuifs, dont les Peres n'avoient vû
depuis quelque tems, que des signes de justice &
de rigueur; & qui ayant été épouvantez par les
Prophetes, qui leur denonçoient continuellement
la fureur des Iugemens de Dieu, avoient besoin
d'etre rassurez par une merveille sensible d'amour
& de misericorde. Il faut au contraire aujourd'huy,
que les Chrétiens acompagnent Iesus-Christ à l'Arrêt de mort qu'il prononça contre un sujet plein de
vie, contre un Arbre qui ayant de la seve & des
feuilles, se seche & se fletrit à la parole du Fils de
Dieu. Les Chrétiens ont besoin de ce miracle terrible. Les promesses de l'Evangile destinées à mettre la paix dans la conscience, les portent par l'abus
qu'ils en font, à negliger leur salut; Ils en prenent
ocasion de demeurer dans une securité charnelle.
Il faut les tirer de cet état funeste, par la veuë d'un
Iugement de Dieu. Il faut les conduire au Figuier,
l'Arbre de Science de l'Evangile, mais d'une Science salutaire; au Figuier, sur lequel les éclairs paroissent, & sur lequel ensuite tombe le tonnerre;
les éclairs des yeux de Iesus-Christ, & le tonnerre
de sa bouche. *Jesus voyant un Figuier qui étoit sur le*
chemin il s'y adressa, & n'y trouva rien sinon des feüil-
les seulement; Et luy dit, que plus ne naisse aucun fruit
de toy à jamais, & incontinent le Figuier secha. Ce
fut un crime à nos premiers Peres de s'aprocher
d'un Arbre qui portoit du fruit. C'est nôtre devoir
de nous aprocher d'un Arbre qui n'a que des feüilles. Ce fut un crime à eux, parce qu'ils suivirent
le Serpent à cet Arbre; c'est à nous un devoir,
parce que nous suivons Iesus-Christ à celuy-cy.
Ce fut un crime à eux, de manger d'un fruit qui
leur avoit été défendu; c'est à nous un devoir de

confiderer des feüilles , qui doivent être nôtre gue-
rifon. C'eft le deffein de nôtre Sauveur dans les
paroles de mon Texte , ou il y a deux parties à
traiter , l'Examen que Iefus-Chrift fait du Figuier ,
Et voyant un Figuier qui étoit fur le chemin il s'y adref-
fa , & n'y trouva rien finon des feüilles feulement ; &
la fentence qu'il prononça contre ce Figuier , &
qui fut executée fur le champ ; *Que plus ne naiffe*
aucun fruit de toy à jamais , & incontinent le Figuier fecha.
Il y jette les yeux pour le mieux connoître , &
l'ayant trouvé coupable , fa bouche le condamna.
Aprochons nous de cette Vifion pour en profiter.
Et Dieu veüille pour cet éfet vous ouvrir les yeux ,
afin de contempler avec atention les merveilles
qui s'y rencontrent ; & nous ouvrir à nous la bouche , pour en bien parler , à la gloire de fa Iuftïce ,
& à la frayeur falutaire de nos Ames.

Iefus-Chrift étant homme avoit en cette qualité
befoin de manger & de boire ; mais il en ufoit
avec une frugalité , qui devroit fervir d'exemple
aux Chrétiens ; puis qu'étant le Seigneur de l'Vni-
vers , il fe contentoit du peu que la nature luy pre-
fentoit d'elle-même. C'eft de la forte qu'un jour
ayant foif , il s'arréta à une fontaine qui étoit proche de Sichar , & demanda à une femme de Samarie de luy donner à boire de l'eau. C'eft ici de
même , qu'ayant faim il s'en va à un Figuier pour
luy demander de fon fruit à manger. La Iudée
avoit plufieurs de ces Arbres. Celuy-cy étoit fort
en veuë au pied de la montagne des Oliviers , fur
le chemin qui alloit à Ierufalem. Iefus commen-
ça par y jetter les yeux , *& voyant un Figuier.*
Quelle gloire pour cet Arbre ! Les rayons du Soleil de la nature venant à tomber fur un Arbre ,

semblent le rendre aussi-precieux que s'il étoit un Arbre d'or ; & la splendeur du Soleil de Iustice descendant sur ce Figuier, n'étoit-ce pas pour luy donner un prix & une gloire au dessus des autres Figuiers ! Mais sur tout, comme le Soleil fait porter du fruit aux arbres, ce Figuier qui étoit sous les yeux de Iesus-Christ, devoit devenir extrêmement fertile. Neanmoins nonobstant cette prerogative de l'éclat & de la vertu de cet Astre de la grace, ce Figuier se rend digne d'être méprisé, & il se fait voir dans une sterilité criminelle. Il est vray qu'il a des feüilles, & que si l'on a égard à leur grandeur, elles peuvent passer pour un ornement considerable ; mais ce qui donne dans les yeux de l'homme, & que l'aparence atire, ne frape pas les yeux de Dieu, qui ne s'arrêtent pas à l'exterieur, & ne se satisfont pas de trouver de simples feüilles dans ce Figuier. C'étoit un Arbre de l'espece de ceux qui portent du fruit. De plus il étoit planté dans la Iudée que la Providence favorisoit particulierement ; & prés de Ierusalem, qui étoit le centre des benedictions de la Terre Sainte. Enfin, cet Arbre par le lait & le miel de son fruit, devoit être un abregé de la promesse qui étoit faite à la Canaan, que le lait & le miel y couleroient, & toutefois Iesus-Christ arrivant au Figuier, il n'y trouve point de fruit. Ie say bien que selon la version du texte de Saint Marc, *Ce n'étoit pas la saison des figues.* Mais ne pourroit-on pas traduire autrement, avec une interrogation qui est de l'usage des termes Grecs, & qui rend l'expression affirmative, & le sens debarassé & naturel ; *N'étoit-ce pas le tems d'avoir des figues ?* Saint Gregoire de Nysse a crû de même, qu'il faloit entendre le passage de

Saint Iean , où il y a negativement dans la verfion ordinaire , *Mon heure n'eft pas encore venuë ;* & lire avec une interrogation , *Mon heure n'eft-elle pas encore venuë ?* Ce qui fait un fens afirmatif, plus-beau , & plus-aifé , que l'autre. Saint Ierôme en a auffi ufé de la forte dans fa verfion du paffage de Iob , Chap. 3. *V.* 26. *Ne me fuis-je pas retenu ? N'ay-je pas gardé le filence ? Ne me fuis-jé pas tenu coy ?* Cette Negation qui interroge , anime l'expreffion , & fait qu'elle fe raporte mieux à l'êtat émû , dans lequel êtoit Iob a caufe de fes foufrances. Ioint que laparticule Ebraïque , qui dans le fens ordinaire , eft une negative fimple , a un ufage felon le fujet d'une negative d'interrogation , qui fe refout dans un fens afirmatif. Il en eft de même de la particule Grecque , qui auffi a de la grace & de la force dans Saint Marc , pour défigner le reproche d'indignation , que ce Saint Evangelifte fait au Figuier , *N'êtoit-ce pas le tems d'avoir des figues ?* Savoir pour un Figuier qui êtoit de l'ordre , felon toute aparence , des Figuiers précoces de la Iudée. Ordre de Figuiers diftingué des autres, fort-propre à être l'emblême des Iuifs , diftinguez fpecialement, des nations, entant que peuple de Dieu. Il eft parlé de femblables Figuiers , dans le Prophete Efaïe. *Ils font comme fruits hatifs avant l'Eté ;* Le terme des Septante fignifie des figues précoces, *que quelqu'un n'a pas plutoft veuës , qu'il les devore des qu'il les tient.* Le Figuier êtant planté dans un chemin paffant , en avance auffi la maturité de fon fruit , au raport de Pline ce Docteur de la Nature. Enfin , les feüilles de ce Figuier, toutes grandes & toutes venuës , jufques à fe faire voir de loin , juftifient que le tems du fruit êtoit auffi arrivé , ainfi elles même fe trouvant seules , acusent le Figuier , & deposent contra luy.   O plante ingrate ! de paroître ainsi depour-veuë devant son Createur ! De resister à la bene-diction de la nature , *croissez & portez vôtre fruit !* Et à la benediction de l'Alliance , qui étoit encore acompagnée d'une vertu particuliere ! D'avoir mê-me oublié son espece privilegiée ! Cette reprocha-ble & honteuse sterilité excite l'indignation de Ie-sus - Christ ; *Que plus ne naisse ,* dit-il , *aucun fruit de toy à jamais.* Sa bouche punit l'illusion faite à ses yeux ; & ses yeux , & sa bouche , & ses re-gards , & sa parole , en tirent pour nous un fruit bien plus precieux , que celuy qui devoit s'y trou-ver pour luy. Cet Arbre devoit par tribut, les premices de ses fruits à son Seigneur. Cet Arbre devoit son fruit pour nourriture à celuy des hom-mes qui meritoit le plus de vivre. Cet Arbre de-voit encore au Fils de Dieu son fruit par recon-noissance , la providence l'ayant toûjours conservé. *Qui garde son figuier ,* dit le Sage , *mangera de son fruit.* Cet Arbre enfin , devoit ses largesses à Iesus-Christ , qui revient de Ierusalem & du Temple, Vainqueur des prophanes , Medecin des aveugles & des boiteux , Docteur de tous ; A Iesus-Christ, à qui allant à Ierusalem , les Palmiers , & les Oli-viers venoient de fournir des rameaux , pour semer sur sa route , & parer la pompe de son petit triom-phe. Si bien que le Figuier n'ayant point de fruit dans cette grande ocasion , il doit en être privé pour toûjours , *que plus ne naisse aucun fruit de toy à jamais.* Iesus-Christ luy ôte sa propre nourriture, n'étant pas juste qu'il la luy continuë toûjours, puisqu'il refuse même une seule fois un aliment à son maitre. Le Figuier fut donc condamné , & au

contraire du buisson que Moïse vid en feu, sans
que toutefois il brulât, cet Arbre sans qu'il paroif-
sé y avoir aucune flame, se consume. *Et incontinent le Figuier secha.* Il perd la seve de laquelle il
faisoit un abus; & le concours de la premiere cau-
se, sans lequel l'action des causes secondes ne peut
rien, luy étant ôté, il reçoit la punition de la Iustice
de Dieu, méritant d'être abandonné du secours de
sa bonté. Mais d'où vient que la voix du Seigneur
qui brise les Cedres du Liban, ne jette point par
terre ce Figuier, du chemin? Il y avoit sous l'Ancien Testament une Statuë de sel pour enseigner
les Iugemens de Dieu aux peuples: Voicy de même
sous la nouvelle Alliance, un Figuier desseché, pour
être un nouveau monument de la colere du Ciel
aux passans qui alloient en Ierusalem, & qui en
sortoient; qui voyant une secheresse subite & hi-
deuse, ou il y avoit auparavant une si belle & si
agreable verdure, ne manqueroient pas de demander; D'où vient le funeste changement arrivé à ce
Figuier? D'où vient qu'il est ainsi dépoüillé de
toute sa gloire? Et il ne faut pas douter, que pour
cet éfet le Tronc fletri & desseché de cet Arbre,
ne soit long-tems, par une providence particuliere
demeuré debout, comme autrefois la Statuë de sel,
puisque la memoire du lieu ou cette histoire arriva,
se conserve encore parmi les peuples de ces quar-
tiers-là, qui ne manquent pas de montrer aux
voyageurs la valée & l'endroit, ou ils pretendent
que cet Arbre fut maudit par Iesus Christ, comme
il paroît dans les Relations que nous en avons, &
dans les Cartes particulieres de la Terre Sainte.
Mais il se trouuera encore un autre mystere dans
cette punition moderée, dans ce temparament, qui

A iiij

en diminuë la severité, & qui convient fort-bien au Sauveur du monde ; dans la malediction dont le Figuier est frapé, qui se borne à le faire secher, & ne le deracine pas du fonds dans lequel il étoit planté. Car si celuy à qui Iesus-Christ rendit la veuë, vid marcher des hommes qui étoient comme des arbres, il nous faut de même avec les lumieres de Dieu, regarder des hommes tout-semblables à ce Figuier.

Ie veux dire qu'il y a un second Figuier, anté sur le premier ; le Figuier de la Loy, auquel celuy de la Nature sert de tige. Iesus-Christ jette les yeux sur ce second Figuier, & pressé d'une autre espece de faim, il y va pour manger de son fruit. Ce sont les Iuifs, ce peuple pour qui il y avoit une providence particuliere, & dont Iesus-Christ examine l'etat present. Il y avoit des arbres Sauvages, Iesus-Christ passe sans s'y arrêter, & sans y chercher du fruit. Ce sont les Gentils, qui étoient sans Culture, sans Alliance, sans Loy, sans Sacremens, sans Ministere ; il n'y avoit rien à en atendre. Il n'en est pas de même des Iuifs, dont Dieu s'étoit declaré le Seigneur, à qui il avoit donné ses alliances, ses loix, ses sacrifices, ses benedictions, & ses graces, qui leur étoient une obligation à porter des fruits de justice. Et s'il en avoit trouvé dans Abraham, dans Moïse, dans les Prophetes, & dans les Saints d'Israël, n'y avoit il pas lieu d'esperer d'en trouver de même dans leur posterité. Iesus-Christ donc y porte sa veuë, il s'aproche du Figuier pour y chercher du fruit, mais ses yeux n'y voyent que des feüilles, & sa main n'y trouve point de fruit à cüeillir. Les feüilles à la verité étoient grandes & belles, & le

Figuer en étoit tout-glorieux. Ce Peuple difoit, *Nous avons Abraham pour Pere ;* ce Peuple crioit, *le Temple, le Temple.* Il ofroit des Sacrifices, il obfervoit des Fêtes folemnelles, il payoit des Dimes, il celebroit des Ieûnes, il lifoit la Loy de Dieu. Enfin, il faifoit le fervice Divin dans un Temple magnifique, avec une culte fuperbe, & fuivant des traditions, qui encheriffoient par deffus le nombre des ceremonies. Il y avoit auffi des Sectes d'une grande pieté en aparence ; des Pharifiens, des Saduceens, & des Effeniens. Mais tout cela n'étoit que des feüilles, qui ne plaifoient point à Dieu. *Qu'ay-je à faire,* dit - il par fon Prophete, *de la multitude de vos Sacrifices. Je fuis raffafié de vos Holocauftes ; Je fuis ennuyé de vos nouvelles Lunes, & de vos Fêtes folemnelles.* Ce ne font là que des feüilles, je veux du fruit ; *Lavez-vous, nettoyez-vous. Otez de devant mes yeux la malice de vos actions, ceffez de mal faire, aprenez à bien faire, recherchez la droiture, redreffez celuy qui eft foulé, faites droit à l'Orphelin, debatez la caufe de la Veuve.* Iefus-Chrift cherchoit ces fruits, ces œuvres, cette juftice, cette charité ; mais il n'en trouve qu'une fauffe aparence, des feüilles feulement. O déplorable état de ce peuple ! Zachée, Mathieu, qui étoient des Publiquains ; Le Centenier, la Cananeene, qui étoient des Gentils ; Les uns & les autres, des plantes fteriles de leur nature, portent des fruits de foy & de charité, dont l'Evangile parle avec admiration. Et voyci des Iuifs, un Figuier planté dans la Terre Sainte, qui n'a nul fruit, même dans fes plus grandes & plus belles branches. Les Sacrificateurs, les Pharifiens, les Docteurs de la Loy ont une grande oftentation de fainteté. Ils font

presque toûjours dans le Temple. Ils font la ri-
chesse & l'ornement de leurs habits, des franges
ou la Loy de Dieu est écrite. Ils font de longues
prieres en public. Ils pratiquent outre les Ieûnes
ordinaires, de nouveaux Ieûnes, qui leur sont par-
ticuliers. Ils s'imposent eux-mêmes des Dimes,
qui ne sont pas commandées. Ils payent la Dime
de tout, même celle de la Mente, & du Cumin.
Enfin, à les voir on diroit que ce sont de grands
Saints. Mais les yeux de Iesus-Christ reconnoissent
que ce sont de grands hypocrites, qui honorent
Dieu de leurs levres seulement, & s'en éloignent
dans leur cœur. Le feuillage est épais, mais il n'y
a aucun fruit. La conviction en est toute évidente, non seulement dans cette grande corruption
que Iesus-Christ leur reproche sur divers articles
de la Loy, mais encore dans cette dureté de cœur,
qui est raportée dans l'Histoire du Blessé, & qui
découvre publiquement ce qu'ils sont. Le fruit du
Figuier est un fruit de remede. Le Prophete mit
des figues sur l'ulcere du Roy Ezechias ; mais ni
le Sacrificateur, ni le Levite, n'ont point de fruit
de Figuier, pour mettre sur les playes du pauvre
blessé. Ils passent sans s'y arrêter, ils sont sans
charité, sans compassion. Ils sont precisement le
Figuier qui n'a que des feüilles. Figuier, digne des
regards severes de Iesus-Christ, & de la malediction de sa bouche. *Que plus ne naisse aucun fruit*
de toy à jamais. Ils ont dû toûjours porter du fruit.
La Loy leur avoit été donnée pour faire de bonnes œuvres. Les Prophetes leur prêchoient les
bonnes œuvres. Et tant de benedictions de la providence favorable de Dieu, leur y étoient un en-
gagement perpetuël. Mais sur tout, ils ont dû

porter du fruit à l'avenement de Ieſus-Chriſt , qui
a donné une nouvelle Loy , qu'il a accompagnée
de la Predication puiſſante , & dans laquelle ſe
void un patron acompli de juſtice & de ſainteté ; de
Ieſus-Chriſt , enfin , qui venoit au monde , aporter
tant de graces & tant de largeſſes aux hommes.
Mais puis qu'ils n'en produiſent point à la preſence d'un Dieu , ils ſont condamnez à n'en point
porter parmi les hommes. Leur ſterilité , qui vient
d'eux-même , doit continuër par la privation des
benedictions de Dieu. Ils ne doivent point atendre,
ni la roſée d'enhaut , ni les pluyes de la premiere
& de la derniere ſaiſon , ni enfin , aucune des graces dont leur Figuier étoit arroſé. Le Serpent
maudit , fut reduit à manger de la pouſſiere , & le
Figuier condamné , ſoufre une malediction de ſe-
chereſſe. *Et incontinent il ſe ſecha.* Le Temple , la
Loy , les Sacrifices , les Prophetes , tout eſt ôté aux
Iuifs ; & la flame de la Iuſtice de Dieu , qui con-
ſume Ieruſalem , & qui le reduit en poudre , les
rend eux-mêmes auſſi arides que cette poudre.
Malediction qui n'eſt que trop executee , & trop
évidente pour eux , puis qu'ils n'ont plus l'exercice
de leur Culte , ni les faveurs de leur Alliance , ni
la protection de Dieu ; & que comme s'ils étoient
devenus des Gentils , il ſont ſans Dieu. Ce grand
Iugement eſt terrible , mais les Iuifs , au reſte , ſe
le ſont atiré. D'abord que Ieſus-Chriſt les frapa ,
ce ne fut que dans un Arbre , dans un Figuier ,
pour les avertir de ſe mettre dans un état de repentance , & de bonnes œuvres ; pour éviter la
condamnation , qui leur ſeroit infaillible , ſi comme le Figuier , ils pouſſoient ſeulement des feüilles
ſans fruit , & qu'on ne vid en eux , qu'une vaine

profession de servir Dieu , sans les actes d'une veritable devotion. Iesus-Christ, dis-je, les épargna, les punissant figurement dans le Figuier , lors-qu'il pouvoit les punir reellement en la personne de Caïphe leur souverain Sacrificateur. Mais, ni Caïphe , ni les Iuifs , ne s'étant point convertis à la veuë de la peine qu'endura le Figuier , ils ont éprouvé la même condamnation. Tout est seché parmi eux. Il n'y a plus d'aspersion de sang sur les Autels. Il n'y a plus d'eau de purification dans les Cuves du Tabernacle. Il n'y a plus d'huile dans les Lampes. Ils ne font plus le service que Dieu avoit institué. Ils ne font plus les œuvres que Dieu avoit commandées. Le Figuier est seché. Ierusalem & Sion ne sont plus que poudre , & l'aridité même. Mais au reste , quelque éfroyable qne soit cette Iustice de Dieu sur les Iuifs , & quoyqu'ils en ayent été menacez pour toûjours , ce toûjours est bien une éternité qu'ils meritent, mais cette éternité doit être abregée par la misericorde. Le Figuier n'a pas été arraché du fonds dans lequel il étoit planté , les Iuifs ne sont pas deracinez du cœur de Dieu. Il y aura un heureux rapel de cette Nation malheureuse ; & leur malediction de secheresse , sera emportée par un Torrent de benedictions , dont le cours se manifestera avant la fin du monde.

Il y a, mes Freres , un troisiéme Figuier , savoir celuy de l'Evangile , lequel il faut considerer avec plus d'aplication que le Figuier de la Nature , & le Figuier de la Loy. Ce Figuier de l'Evangile , c'est vous même que Iesus-Christ vid sur le chemin. Il y a long-temps que Iesus-Christ a jetté sa veuë sur vous , cette veuë de vocation par laquelle il illumine & il atire à luy. *Etant dans le chemin ,* dit

Saint Mathieu , *il vid Simon , & André.* Et un-peu aprés , *il vid Jacques , & Jean.* Veuë de vocation qui les mit dans la societé de Iesus-Chrift. *Ils laiſſerent leurs Filés , & le ſuivirent.* S'il ne vous avoit point favoriſez de cette veuë de vocation , vous ne ſeriez point dans le chemin qui va à Ieruſalem ; vous ne ſeriez point dans la voye de Dieu , qui doit pre-ceder la Viſion de Dieu. Iefus-Chrift diſoit autre-fois , *Vous êtes heureux de voir les choſes que vous voyez ; pluſieurs Rois & pluſieurs Prophetes ont deſiré de les voir , & ne les ont point veuës.* Diſons encore , vous êtes heureux bien d'avantage , d'avoir été veus de Iefus-Chrift. Car s'il ne vous avoit point veus le pre-mier , vous n'auriez peu voir les choſes que vous voyez, non plus que vous ne pourriez l'aimer, s'il ne vous avoit aimez le premier. Mais il y a une autre veuë que celle de la vocation , ſavoir la veuë d'exa-men qui la ſuit. Vne inſpection particuliere & exacte de l'état dans lequel on eſt, à deſſein de l'ap-prouver ou de le condamner. C'eſt cette veuë d'exa-men qu'il jette ſur l'homme à qui il avoit donné un Talent , & à qui il reproche de ne l'avoir point fait valoir. C'eſt encore de cette veuë qu'il re-garde dépuis, les ſept Egliſes de l'Aſie mineure ; & qui luy fait dire à chacune d'elles , *Je connois tes œu-vres.* C'eſt de cette même veuë d'examen , qu'il contemple nôtre Figuier , *& voyant de loin un Figuier.* Iefus-Chrift a toûjours les yeux , ſoit de loin , ſoit de prés , ſur ceux qui luy apartiennent. Il vous regarde de loin avec patience , avec une longue atente , voyant ce qu'il ne voudroit pas voir , & qu'il ſe cacheroit à ſoy-même dans l'éloignement ſi cela ſe pouvoit. Mais enfin , il faut qu'il s'aproche du troiſiéme Figuier, comme des deux autres. Et il n'y trouve rien , sinon des feuilles.   O Figuier de l'Evangile , encore plus coupable que les autres Figuiers de la Nature , & de la Loy ! *Mal-heur à toy Corasin & Bethsaïda , disoit Iesus-Christ ; si dans Tyr , & dans Sidon , avoient été faites les choses que tu as veües , & oüies , ils se seroient convertis.*   Mal-heur à toy , Figuier de l'Evangile , si les autres Figuiers avoient reçu autant de faveurs , autant de precieuses cultures que toy , ils auroient porté du fruit.   Quoy ! Aprés tant de Predications de la parole ; tant de Communions au Sacrement ; tant de Devotions solemnelles ; tant de prieres extraordinaires ; tant de témoignages de l'Amour de Dieu ; tant d'illuminations du Soleil de Iustice; tant de douces rosées des Cieux;tant d'absolutions données aux pecheurs; tant de consolations données aux affligez ; tant de benedictions données à tous ; Aprés enfin , tant de largesses de grace , vôtre Figuier n'a que des feüilles.   Paul a planté , Apollos a arrosé , Dieu a fait au Figuier tout ce qu'il y avoit à faire , & neanmoins , il ne s'y trouve que des feüilles.   Car enfin , on ne peut pas nommer autrement ce qui se void en vous.

Il y a ici une belle aparence de pieté.   Vous faites profession de croire en Iesus-Christ.   Vous venez au Temple ; Vous faites des prieres ; Vous chantez les loüanges de Dieu ; Vous faites des aumônes ; Vous celebrez des jours de Ieûne ; Vous y paroissez dans une grande humiliation ; Vous repandez beaucoup de larmes ; Vous poussez des soûpirs ardens.   On diroit que c'est l'Esprit de Dieu qui vous jette tantôt dans l'eau , tantôt dans le feu de la repentance.   Mais tout cela qui est bon en de veritables penitens , n'est en vous , que des feuilles. Il n'y a là qu'un faste de Religion , un vain exterieur de pieté & de Iustice, qui peut plaire aux Hommes, parce qu'ils se laissent prendre par une devotion superficielle; mais Dieu qui voit le réel & le solide, ne se contente pas d'un faux dehors, il declare que ce n'est là, que des feüilles.

En effet, n'est-il pas vray; donnons en ce jour solemnel gloire à Dieu; que la profession de l'Evangile est dans la plus part sans foy, & sans probité? Que vous écoutez la parole, sans vous en faire d'aplication, & sans dessein de vous convertir? Que le Sacrement, dont la Ceremonie consacre le Pain, & le Vin, & les separe de l'usage commun, ne sanctifie pas vos personnes, & ne les distingue pas des Hommes du monde? Que vos prieres sont sans attention, & sans ferveur? Que vôtre chant de Pseaumes, n'est qu'un simple bruit de la langue, sans être animé de l'intelligence, & du cœur? Ou vos aumônes sont par vôtre avarice moindres qu'il ne faut, & alors vous les cachez, depeur d'en souffrir des reproches; Où si elles sont raisonnables, vous les rendez publiques par vôtre vanité, afin d'être regardez des Hommes. Vos jours de Ieûne, ne font voir que des Sepulchres blanchis, des Temples d'Egypte, magnifiques au dehors, mais qui renferment des Serpens & des Reptiles; Des nuages qui paroissent épais, mais qui passent & se dissipent. Vos larmes, ne sont qu'une rosée qui se seche bien-tôt, & vos soûpirs, ne sont que des étincelles qui meurent d'abord. Enfin, si vous vous humiliez, ce n'est que comme le Ionc que le vent courbe, & qui se redresse aussi-tôt. Tout cela donc n'est qu'un pur Pharisaïsme, un exercice fardé de Religion, sans esprit & sans verité. C'est un Figuier enfin, où il ne se trouve que des feüilles.

Il en est de vôtre vie & de vos mœurs , comme de vôtre Foy , & de vos devoirs-religieux. Il n'y a pas un de vous qui ne veüille qu'on croye, qu'il a la crainte de Dieu; cette vertu principale , qui est l'ame de la vraye pieté , qui luy donne du mouvement , & de la force ; de la sincerité & de la pureté ; & qui conduit à la perfection , par de puissans motifs. En éfet , l'homme êtant une creature infirme , qui vient du neant, qui naît dans la corruption , qui vit dans la misere , & qui doit retourner dans la poudre , ne sauroit être dans une assez grande humilité & reverence devant Dieu, dont l'Essence est Auguste & Eternelle , & dont les perfections sont infinies; dont la Majesté est Toute-puissante , parfaitement Sage , Iuste , Bonne , & dont la presence continuelle assiste à toutes nos pensées , à toutes nos passions , à toutes nos paroles , à toutes nos actions. Qui est-ce qui dans le sentiment de la bassesse de l'homme , & dans la veuë de la souveraine Gloire de Dieu , ne doit s'abatre devant luy , avec un profond respect , rempli d'une sainte frayeur , & d'une precaution extréme de luy déplaire. Neanmoins , faites-vous justice , la crainte de Dieu n'est pas ce qui vous touche, & qui vous possede. Ce n'est dans toute vôtre vie, qu'égards humains , & que considerations du monde. Vous menagez vôtre honneur , & vôtre interêt ; vos amitiez & vos avantages avec les hommes , & poînt avec Dieu. Vous faites toutes choses par le principe de ne se mettre point mal avec le monde , & de n'être pas méprisé dans la societé civile , sans chercher l'aprobation de Dieu. Vos vertus , si vous en avez , sont morales & civiles, & non saintes , & Evangeliques : Et si vous vous

corrigez

corrigez de quelques defauts, c'eſt parce qu'ils vous
defigurent aux yeux du monde , que vous vous faites toûjours préſent ; & vous ne vous reformez
point pour Dieu , que vous vous faites toûjours
abſent. Il vous ſuſit de paſſer pour honnête-hom-
me , ſans affecter d'étre tenu bon Chrétien. Ce
n'eſt donc point crainte de Dieu , c'eſt crainte du
monde ; c'eſt loüanges , ou reproches des hommes,
c'eſt reſpect des hommes ; c'eſt principe d'honneur,
d'eſtime , & d'amitié des hommes , qui vous gou-
verne , & qui vous fait toûjours agir. Dites-moy,
ſi Ieſus - Chriſt approche de vôtre Figuier , qu'y
trouvera - t'il ſinon des feuilles , dont vous vous
parez aux yeux des hommes , & nullement du
fruit pour luy ? Nul interét pour ſa gloire , nul
deſſein d'avancer ſon regne , nulle veritable obeïſ-
ſance à ſes loix , nulle crainte religieuſe de ſon
nom , & de ſa preſence.

S'il y a quelque reconciliation à faire , quelques
differens à accommoder ; pour étoufer le ſentiment
des paroles facheuſes contre l'honneur, & du tort
qu'on prétend avoir ſouffert dans les affaires , vous
en recevez d'abord la propoſition ; Vous témoignez
de la conſideration , & de la confiance pour les
Miniſtres qui s'en mélent , Vous écoutez avec
quelque ſoûmiſſion la parole de Dieu qu'ils alle-
guent , & les raiſons qu'ils en tirent , pour mettre
chacun dans ſon devoir. Vous donnez de belles
paroles, vous paroiſſez avoir de la conſcience , &
des mouvemens de charité ; mais vient-on à preſ-
ſer la concluſion de la paix , & à vouloir terminer
la diviſion des eſprits , & le procés des affaires ,
vous ne faites que trop voir, qu'il n'y avoit rien
de tout cela dans le cœur. Si vous ne trouvez

exactement vôtre compte , c'eſt-à-dire , ſi l'on ne vous donne tout ce que vous voulez , ſoit pour la ſatisfaction de l'avarice , ſoit pour la reparation de l'injure , tout ſe rompt , & on ne finit rien ; vous avez des veuës toutes charnelles , & toutes intereſ-ſées pour vous mêmes , ſans vous élever à la gloire que vous devez à Dieu , & à la charité , qui eſt ne-ceſſaire envers l'homme.   Qui de vous a craint la menace terrible de Ieſus-Chriſt ? *Ainſi vous en fera mon Pere Celeſte , ſi vous ne pardonnez de cœur , chacun à ſon frere ſes fautes.* A-peine peut-on ſe reſoudre à pardonner de bouche.   Qui de vous a crû à la pa-role veritable de Saint Paul ? *Déja certes il y a entie-rement du défaut en vous, de ce que vous avez des procés en-tre vous.*   Bien-loin de retrancher les procés , on ſe fait une vie ordinaire de plaider , de pourſuivre un frere, un parent, un amy, quoyqu'il en coûte beau-coup , qu'on augmente le nombre de ſes péchez ; & qu'en troublant le repos d'autruy , on ſe donne des inquietudes continuelles.

Si nous prêchons contre les perſonnes qui ſe don-nent trop au monde & à ſes vanitez , qui aiment le luxe dans les habits , & qui courent les aſſem-blées , ou l'on ſe divertit avec excés ; on recon-noît que c'eſt bien fait de prêcher cette reforma-tion ; on commence même à la pratiquer ; on pa-roît plus-modeſte dans les habits ; on quite la ſoye, & les points , on ſe retire du monde ; & on fait des reſolutions de ſe retrancher les viſites de pur plaiſir , & de vivre dans un détachement entier de la pompe & des delices du ſiécle.   Mais ce deſſein ne dure pas , & ne s'execute point de bonne foy. On revient bien tôt à ſon premier état ; on ſe pare des mêmes ornemens que par le paſſé ; on re-

prend ſes habits ordinaires : on rentre dans les ſo-
cietez de divertiſſement. Enfin, c'eſt la jeune Veuve dont parle Saint Paul ; elle avoit pris le voile
du deüil, mais elle le quite bien-tôt aprés, pour
vivre dans les delices. C'eſt le Figuier que regarde
Ieſus-Chriſt, on n'y trouve que des feuilles.

Nous avons vû des perſonnes coûpables du peché contre leur propre corps, avoir la confuſion ſur
le viſage, répandre des flots de larmes, paroître ſentir toutes les peines de la pudicité violée ; confeſſer
enfin, leur peché par un ſilence de honte, plus in-
telligible que la parole même. Nous croyjons alors
voir la pechéreſſe aux piez de Ieſus-Chriſt ; cependant, il n'y avoit là que des feuilles, pour couvrir une
nudité honteuſe. C'étoit une fauſſe feverité, pour
ſe retablir dans l'honneur, & dans la paix de l'Egli-
ſe, afin de pouvoir participer à ſes Myſteres. On a
apris avec douleur, avec ſcandale, qu'on s'eſt re-
plongé dans l'impureté, que *le Chien eſt retourné à ſon
vomiſſement ; & la Truye, à ſon bourbier.*

On a fait faire reparation à des Incontinens, dont
le mariage a été precedé d'une amour illegitime,
d'une impatience charnelle. On leur a reproché
qu'ils s'étoient aimez dans le peché, qu'il eût mieux
valu n'etre pas ſi bien enſemble, que de s'aimer
trop. Que la froideur les eût conſervez dans la vertu,
& que la flamme les avoit fait tomber dans le vice.
Qu'il ne leur étoit permis tout-au-plus, que d'etre
tiédes, & qu'ils s'étoient embrazez. Qu'ils pou-
voient avec innocence unir leurs cœurs, & qu'ils
n'ont pû ſans crime, anticiper ſur l'union conjuga-
le. Que c'étoit une faute extreme, & un atentat
énorme, contre l'honnêteté, & la pudeur, de
s'etre mariez eux-mêmes, par la voye du peché, &

B ij

de la chair , sans attendre d'être épousez par la Benediction , & par la Priére de l'Eglise. Il est écrit, *Que Dieu mena Eve à Adam ,* & aprés , *Adam la connut.* Et qu'eux au contraire, avoient connu leur Eve, & puis , ils demandoient, qu'elle leur fut amenée. Qu'ils avoient de part & d'autre , dans cette action trés-vicieuse , peché contre Dieu ; contre l'Eglise ; contre Eux-mêmes ; contre l'Enfant prêt à naître. Qu'ils avoient offensé les Yeus saints de Dieu , qui ne sauroient voir le mal ; Qu'ils avoient violé sa Loy qui est expresse , & tonnante , contre les souillures de la chair : Qu'ils avoient causé de la douleur , & du scandale à l'Eglise , qui ne doit être composée que de colombes, & de tourterelles , de personnes pures, & chastes. Qu'ils avoient fletry leur nom & leur honneur , en souillant leurs corps. *qui sont les Temples du Saint Esprit.* Qu'enfin , ils avoient taché la Conception de leur Enfant, doublement conçu en peché , & qu'on regarde comme un fruit croissant sur un arbre gâté. Qu'ils avoient par là , encouru la disgrace de Dieu , & de l'Eglise. Et que pour s'être trop-tôt unis ensemble , ils meriteroient d'être séparez du Cœur de Dieu , & d'être retranchez du Sein de l'Eglise. Quelle approbation n'a-t-on pas donné à cette Censure publique. A cette execution severe de la Discipline ! Quels effets de retenuë & de precaution , n'attendoit-t-on pas de châcun de vous , *pour sçavoir posseder le vase de son corps saintement & honnétement ,* de crainte d'être exposez à un châtiment extraordinaire , qui fait une si grande confusion ? Neanmoins , cette rigueur si pleine de justice pour la punition , & pour l'exemple , n'a pas empêché qu'il ne se soit fait encore des engagemens , & des promesses de

mariage, par une precipitation d'amour, & uſurpée,
& criminelle.

Nous connoiſſons des gens coleres, à qui toutes
les exhortations que nous faiſons contre cette paſ-
ſion ardente, entrent d'abord naturellement dans
l'eſprit. Il nous a ſemblé quelquefois, les avoir
mis en état de dire ; Ie purgeray mon cœur de
toute ſa bile, j'éteindray juſques à la derniere étein-
celle de ce feu dangereux ; je reconnois veritable
ce qu'on m'a dit, qu'il faut alors ſe defier de ſoy-
même ; & que dans la colere, on ne ſauroit, ni
rien penſer, ni rien dire, ni rien faire de bien :
qu'un homme colere n'eſt pas un homme, ſi ce
n'eſt un homme comme Caïn, capable de grandes
extrémitez, & pour cela même, digne d'être banny
comme luy, fort-loin de la ſocieté. Ne diriez-
vous pas aprés cela, que le malade eſt guéry des
ardeurs de ſa fiévre ? Il ne l'étoit pourtant pas ;
ce n'étoit qu'une ſurſeance de colere, une modera-
tion étudiée, une impetuoſité retenuë. Enfin, le
torrent d'un ſang agité ayant rompu ſes digues, en
a repris ſon cours avec plus de force. Le Démon
de Saül que la Harpe de David avoit appaiſé pour
quelque-tems, a recommencé ſa fureur ; & la premiere occaſion a renouvellé une fougue, & des em-
portemens, qui ont éclaté en des paroles, & en
des actions violentes.

Il n'y a perſonne qui ne parle avec honneur de
l'humilité, & qui n'avouë qu'il faut pratiquer cette
vertu, qui doit être la vertu des Chrétiens, puiſ-
que ça été la vertu continuelle de Ieſus-Chriſt ;
car étant Dieu, il s'eſt fait homme. Cet homme a
paru dans la forme d'un ſerviteur. Ce ſerviteur a
été étendu ſur une Croix. O profonde humilité du

Fils de Dieu, dans sa Naissance, dans sa Vie, dans sa Mort! Humilité, qui devroit crucifier tout l'orgueil des hommes. Cependant, elle n'a pas encore été eficace sur vous: car quoy-que Dieu ait mis une face de Peuple dans cette Eglise, ou non-plus-que dans l'Eglise de Corinthe, on ne void pas beaucoup de nobles, il n'y a neanmoins presque personne, qui ne s'efforce de s'elever & de se distinguer des autres, ou par les manieres d'agir; ou par le bruit affecté de ses affaires; ou par la dépense plus-forte; ou par l'etat plus-aparent de sa famille; & si l'on avoit assez de bien pour acheter des dignitez, & assez de faveur pour pouvoir y être reçu, qui de vous ne s'en prevaudroit? Tant vous aimez le monde, & sa gloire. Enfin, chacun s'etend au dehors autant qu'il peut, & fait voir en sa personne, & en ceux qui luy appartiennent, les grandes & larges feuilles du Figuier; au-lieu d'en porter le fruit, dont les grains se cachent au dedans d'une envelope épaisse, pour mieux representer l'humilité, & le voile dont elle couvre ce que l'orgueil voudroit étaler.

Vôtre negoce dans le gros, & dans le détail, a la figure d'un bien public, qui distribuë à chacun ce qu'il a besoin; & toutefois, c'est le bien particulier, & l'avidité de faire ses propres affaires, qui regne là. Il semble aussi, être accompagné de bonne foy. Que de paroles honnêtes, & agreables! Que de civilitez du monde! Que de protestations de sincerité! Et tout cela au fonds, n'est que pour faire valoir les choses, & pour vendre plus cher. Sous ces belles feuilles de discours affectez, & de manieres douces, il y a des fraudes, & des illusions cachées, pour faire des gains excessifs, qui doivent faire craindre des pertes terribles. Car quel profit à l'homme de gagner des trefors periffables, pour faire perte de fon ame immortelle? Saint Paul faifoit des Tentes pour fervir à l'armée, & il en vendoit, & cependant, *il ne convoitoit ni l'argent, ni l'or de perfonne.*

Les Enfans de Dieu ne vivent pas ordinairement dans la profperité, comme font les autres hommes: en quoy ils reffemblent aux Figuiers, qui portent leur fruit fans auparavant avoir des fleurs, comme les autres Arbres. Mais de-plus, Dieu leur difpenfe de tems-en-temps des afflictions. Vous reconnoiffez, que c'eft à une Difcipline falutaire, pour corriger leurs mauvaifes mœurs; pour les amener à la Repentance; pour mettre à l'epreuve la fermeté de leur Foy, & la verité de leur Efperance; & pour faire luire toutes leurs étoiles dans la nuit. Pour leur ôter par l'amertume des fouffrances, le goût des biens de la terre; & porter enfuite leur veuë, & leur cœur, aux gloires du Ciel. Pour les rendre conformes au Fils de Dieu; pour leur apprendre à fon exemple, l'obeïffance; pour leur faire pratiquer fon Commandement, *Soyez prudens comme Serpens, & fimples comme Colombes.* Prudens, pour ne vous pas laiffer ébranler par les atteintes des afflictions; fimples, pour fouffrir avec humilité, & avec patience; prudens, pour conferver toûjours avec Marie, la bonne & la folide part, le falut de l'ame, & la gloire de Dieu; fimples, pour n'oppofer au monde, que l'innocence, & la charité. Lors qu'il n'y a que des menaces, ou que les afflictions font éloignées, ou qu'elles font legeres, il paroît en vous de la confiance en l'amour de Dieu, & de la refignation aux ordres de fa Volonté.

B iiij

Mais la nuée des afflictions femble-t-elle s'approcher, & par fes éclairs donner le fignal d'un orage? Entendez-vous la voix du Ciel qui vous avertit d'entrer dans la Nacelle, qui doit être agitée, comme firent autrefois les Difciples? Ah! vous tremblez alors plus-que les feüilles, au moindre vent qui fe lève. Vous avez plus de frayeur fur un Lac, dans la Nacelle dont Iefus-Chrift eft le Pilote, pour l'empêcher de perir, que vous n'avez de crainte dans vos Navires qui voguent fur l'O-cean; & qui ne font conduits que par des hommes, incapables de les empêcher de faire naufrage.

C'eft une maxime reçuë dans le monde fage, qu'il ne faut pas dire du bien de foy, ni du mal d'autruy; l'un eft une vanité, l'autre eft une medifance. Auffi fe porte-t-on ordinairement à parler modeftement de foy-même, & à donner des louanges aux autres. On a l'ufage de fe rabaiffer dans l'eftime du monde, & de flater les autres jufques à en dire univerfellement, qu'ils font gens d'honneur, & de merite. Mais à examiner la conduite de la plûpart de vous, il n'y a point là de fincerité. On n'oublie rien pour fe faire valoir, & on fe donne un encens fecret, qui fe fait pourtant bien fentir. On paroît toûjours content de foy-même, & on a des manieres propres à fe faire applaudir. On veut être eftimé plus habile, & plus éclairé que les autres; & on fait l'art de les dégrader de la reputation qu'ils ont aquife. C'eft un amour propre, & une malice de la chair, dont on fait que vous vous défendez, comme fait tout le monde, mais dont on eft convaincu, que vous êtes coûpables. La medifance eft un vice étably parmy vous, & il y domine. Dieu promet de rendre *blanc comme la*

neige les pechez qui sont rouges comme le cramoisy, & vous
au contraire, vous noircissez par-tout, des discours, & des actions de lumiere : vous mettez le
mal, où est le bien ; les tenebres, où est la lumiere ; l'amer, où est le doux ; la jalousie & l'envie,
où devroit être la loüange, & la benediction. En-
un-mot, vous décochez des traits empoisonnez contre l'honneur, & la probité ; & quoy-que cette conduite vicieuse soit fort-criminelle de soy-même, &
qu'on vous avertisse incessamment, que Dieu l'a en
horreur, qu'il punira severement ces offenses de la
bouche venimeuse, qui ont même des consequences
dangereuses dans le monde, vous ne vous étudiez
point à vous en abstenir.

On prêche en des jours extraordinaires l'amen-
dement de vie, & vous paroissez aimer ces predications de penitence. Vous convenez qu'il y a de la
necessité de presser la reformation des mœurs, &
de ne pas retarder la conversion ; qu'il faut renon-
cer à soy-même, pratiquer la mortification du vieil
homme, prendre le sac & la cendre, & se mettre
dans des dispositions de mourir au monde, & de crucifier les affections qui y engagent : que c'est là un
des grands devoirs du Chrétien, & que sans cela on
ne peut se sauver. A remarquer l'attention que
vous avez à ces devotions de Ieune, & d'humiliation,
& les discours que vous tenez en sortant du lieu où
vous les avez pratiquées, on diroit qu'effectivement
vous allez vous convertir, & que de grands pécheurs
vont devenir de grands Saints. Mais il n'y a là que
des feüilles. Est-on de retour à la ville ? On se donne
de nouveau au monde. On en a les pensées, les
desseins, & les mouvemens. C'est la même vie, &
les mêmes actions. La chair reprend ses avantages

sur l'esprit, & gagne de nouvelles victoires. Tous demeurent pécheurs, & personne ne devient Saint. Ce n'étoit que l'ombre d'une repentance, aussi foible que des feüilles.

Enfin, le corps de cette Eglise, est composé de familles, où il y a Maris, & Femmes ; Peres, & Enfans ; Maîtres, & Serviteurs. Qui ne se persuaderoit, a vous regarder dans cet exterieur si modeste & si recüeilly, avec lequel vous paroissez dans ce Temple, que tout est bien reglé dans vos familles ; & que chacun y remplit les devoirs de son rang ? Que les Maris aiment leur Femmes, *comme Jesus-Chrift a aimé l'Eglise ?* Que les Femmes ont pour leurs Maris les mêmes égards que Sara avoit pour Abraham, qu'elle *nommoit son Seigneur ?* Que les Peres sont bons & tendres pour leurs Enfans ; & qu'ils ont toûjours leurs yeux sur eus ; & que les Enfans sont sages & obeïssans à leurs Peres ? Que les Maîtres sont dous & équitables, & que les Serviteurs sont laborieus & fideles ? Cela paroît & devroit être, mais cela n'est pourtant pas. Quand nous allons dans vos maisons, nous y trouvons des Maris qui méprisent leurs Femmes, & des Femmes fâcheuses à leurs Maris, & les uns & les autres, au lieu de demeurer dans une union étroite & aimable, sont dans le bruit d'une division continuelle. Nous y trouvons des Peres qui abandonnent leurs Enfans, & qui negligent entierement leur education ; & des Enfans qui sont ingrats & rebelles à leurs Peres, & qui vivent dans le libertinage & dans la debauche. Nous y trouvons des Maîtres violens & injustes, qui maltraitent leurs Serviteurs, & qui retiennent leur salaire ; & des Serviteurs faineans, yvrognes, & qui dérobent.

Voilà, Chrétiens, vôtre Figuier, oüy vôtre Figuier. Car je m'assure qu'il n'y a pas un de vous, qui entendant ces choses, n'ait dit en soy-même, je suis ce Figuier. Quand Iesus-Christ le regarde & s'en approche, il n'y trouve que des feüilles, qui peuvent bien en impofer aux yeux des hommes, pour leur cacher vos dereglemens, mais qui ne sauroient derober aux yeux de Dieu vôtre impofture. O Faus-juftes, & veritables Hypocrites ; dont la juftice eft femblable à celle des Scribes, & des Pharifiens ; & dont le deguifement n'eft pas une illufion paffagere, mais un menfonge perpetuël : qui n'avez que le dehors & l'exterieur des vertus Chretiennes, & qui êtes deftituez de l'interieur & de la perfection de la foy, & de la charité. O Chrétiens impofteurs ! N'avez vous point de confufion d'etre plantez dans la maifon de Dieu, & d'être fteriles : Certes le Démon, qui ne donne que des feüilles, étant un trompeur, pourroit auffi fe contenter de feüilles ; mais Dieu qui donne des biens réels & folides, veut des fruits de repentance, & de juftice. S'il n'en trouve pas, il maudit le Figuier. *Que plus ne naiffe aucun fruit de toy.* Ne vous flatez plus d'impunité, fous le voile de vôtre diffimulation. Vous penfiez, peut-être, Faux-juftes, que les foudres de la Iufti-ce divine ne tomboient que fur la tête des pécheurs publics, des impies, & des prophanes, qui ne font nulle profeffion de pieté, & de vertu; qui ne parlent de la Religion qu'avec mépris ; & dont les mœurs font dans le dernier degré de la diffolution. Vous êtes auffi les objets des feveres Iugemens de Dieu. L'Eternel ne condamna pas aux flammes du Ciel, les feuls habitans de Sodome, ces abominables pécheurs ; il condamna auffi à une peine terrible, la femme de Lot , cette devote diffimulée , & qui paroiffoit fuivre l'Ange à la Montagne. Son cœur luy fit tourner les yeux vers la ville qu'elle abandonnoit , & Dieu changea fon corps en une ftatuë immobile. Mais fi vous avez oublié la femme de Lot, fouvenez-vous du Figuier de Iefus-Chrift , la nouvelle image des faus-juftes , qui n'ayant que des feüilles d'orgueïl, font condamnez par la bouche du Seigneur, & frappez d'un horrible anathéme , *Que plus ne naiffe aucun fruit de toy.* Voilà l'Arreft terrible que la juftice d'enhaut prononce par la bouche du Fils de Dieu. *Et incontinent il fe fecha.* Voilà l'execution. O reprobation effroyable ; qui ôte à celuy qui a , ce qu'il avoit auparavant ; qui redemande le Talent , à celuy à qui il avoit été donné ; qui dépoüille le Figuier , des feüilles dont il avoit été orné ; qui le prive du principe de la vie qu'il avoit reçu ; qui enfin , luy retranche la vertu de produire , foit fruit , foit feüilles. C'eft-à-dire , faus-juftes , que Dieu vous ôtera les moyens de porter des fruits, parce-que vous avez abufé de ces moyens. Au-lieu de les faire fervir à vôtre regeneration, vous ne leur avez fait produire qu'une apparence de pieté , fans aucune force, ni vertu.

Voicy , voicy , ce qui vous arrivera. Dieu vous privera de la Parole , & des Sacremens. Dieu vous ôtera les Miniftres qui préchént la Parole , & qui adminiftrent les Sacremens. Dieu vous privera de la Chair de Iefus-Chrift , & de l'Efprit du Lumiere , & de Sainteté. Il n'y aura plus pour vous, de Pâque , ni d'Agneau de Dieu ; De Pentecôte, ni de Saint Efprit ; De Propitiation , ni de Remiffion de pechez. Dieu tranfportera fa Gloire d'avec vous. Le Tabernacle ne fera plus fous la Nuée ; ni le

Chandelier, & les Lampes, dans le Tabernacle. Dieu vous bannira de son Cœur. Dieu détournera sa Face loin de vous. Dieu vous vomira de sa Bouche. Dieu vous retranchera entierement de ses Alliances. Il ne sera plus vôtre Dieu, & vous ne serez plus son Peuple. Le Figuier sera seché. Il n'y aura plus pour vous de Dons d'enhaut ; ni d'Onctions de l'Esprit. Plus de sentiment de l'Amour de Dieu. Plus de Grace, ni de Paix. Plus de Consolations interieures. Plus de Benedictions spirituelles. Plus de Rosées du Ciel. Ah ! vos Yeux ne seront pas même capables des larmes de la Repentance, pour éteindre les flâmes de la fureur de Dieu, & les ardeurs de vos consciences troublées. Et il ne vous restera pas assez de voix, pour crier seulement, *Mon Dieu, Mon Dieu, pourquoy nous as-tu abandonnez ?*

Ie remarque, mes Freres, que vous êtes sensiblement touchés, & émus. Ie vous voy abbatus, & penetrez de douleur. Que de pleurs ! Que de gemissemens ! Que de sanglots ! que Vous causent les éclats du Tonnerre de Dieu. Ah ! Seigneur, ton serviteur luy même en est saisy d'étonnement, & de frayeur ¡ Quoy, Mon Dieu, le Ministere de l'Evangile, qui est un Ministere de Iustification & de Vie, est-il devenu aujourd'huy un Ministere de Condamnation & de Mort ? M'as-tu donc appellé, Sauveur des hommes, pour faire tomber sur des Chrétiens, les foudres de la Loy ; Toy qui ne voulus pas que les Disciples priassent, pour faire descendre le feu du Ciel sur les hommes de la Samarie ? Ne m'as-tu pas ouvert la bouche pour porter la parole de reconciliation, & aujourd'huy j'anonce les fureurs de l'Eternel ; I'ay prêche jusques icy la

Remission des pechez , & le grand Salut promis au monde avant ta Naissance , & accomply par ta Mort ; & je publie aujourd'huy les Iugemens terribles de Moïse. Tu m'as envoyé pour edifier , & je viens de demolir. Ie ne suis jamais descendu de cette Chaire , sans prier pour ton Peuple , sans benir ton Peuple , & aujourd'huy je répans sur luy tes indignations. Eternel , ferme plûtôt ma bouche pour toûjours , & que ma langue devenuë muette , soit liée à mon palais ; que non pas que je continuë d'élever ma voix *en esprit de jugement, & en esprit de destruction par feu. Ce sont tes gratuitez, ô Eternel , que nous n'avons pas été consumez ,* & pourquoy changerois-tu tes gratuitez en des jugemens de perdition ?

Il me semble , mes Freres , que Dieu a compassion de vous , & de moy. *consolez , consolez mon Peuple , dit nôtre Dieu.* En effet , Dieu nous donne encore du temps. Il nous void , mais il ne nous a pas encore jugez. Ses Yeux sont sur nous , mais sa Bouche n'a pas encore prononcé l'Arrêt de nôtre condamnation. Ah ! si nous pouvions profiter des regards de Iesus-Christ , comme fit Saint Pierre, nous ne serions point jugez , nous ne serions point condamnez. *Il sortit dehors , & pleura amerement.* Renonçons aussi à nous mêmes. Que nôtre ame se détache de la chair , & de ses convoitises. Sortons hors du corps du peché , & que nos yeux inondent des eaux ameres de la penitence , non seulement nôtre visage , mais principalement tous nos vices ; & celuy qui pardonna à Saint Pierre , pardonnera à ceux qui auront imité la repentance de Saint Pierre.

Nous sommes encore dans le chemin , je veux

dire dans la Communion de Iesus-Christ, qui se nomme le chemin. *Je suis*, dit-il, *le chemin.* Quel chemin ? Le chemin à la vie. *Je suis le chemin, la verité, & la vie.* Autrement, selon un Ancien, *Le chemin veritable à la vie.* Nous sommes encore debout dans le chemin, gardons nous de nous élever par l'orgüeil de nos feüilles ; humilions nous plûtôt par la crainte de Dieu. Que nôtre Figuier porte les fruits que Iesus-Christ demande. Alors *son feüillage ne se fletrira point, & tout ce qu'il fera, viendra à bien.*

Lors-que vous lisez l'Histoire d'Isaac, qu'étant arrivé à la Montagne, il est mis sur l'Autel, comme une victime prête à être immolée, vous croyez qu'il n'y a plus de Fils pour le Pere, mais cet état là même le sauve. La resignation avec laquelle il s'est soûmis à cette extrémité, touche le cœur de Dieu. Cette *Obeïssance vaut mieux que le Sacrifice.* Dieu fait descendre un Ange du Ciel, qui crie, *c'est assez.* Ah ! lors-que je vous ay annoncé les Iugemens terribles de Dieu, & que je vous ay comme étendus sous sa main, pour recevoir le coup de son glaive, il sembloit que vous étiez perdus. Mais cette devotion émeuë, ce grand respect que vous avez fait paroître pour le grand Dieu, vous promet un puissant Intercesseur, savoir, l'Ange de l'Alliance, qui arrêtera le cours des vengeances de Dieu, & qui retiendra le bras de son indignation, & de sa fureur.

On dit que le Tonnerre ne tombe pas sur le Figuier, non-plus que sur le Laurier. Cela n'est pas vray du Figuier de la Nature, ni de celuy de la Loy ; mais voulez-vous en faire une verité sous la grace en faveur de vôtre Figuier, faites que Iesus-Christ

vous y voye dans le même état qu'il vid Natanaël
sous un Figuier, *voicy*, dit-il , *un Israëlite en qui il n'y*
a point de fraude. Pourquoy ne ferions nous pas voir
auſſi à Ieſus-Chriſt, des Chrétiens ſans fraude ? Pratiquez des reconciliations ſans aucune reſerve ; faites des aumônes ſans vanité ; parlez avec honneur
ſans flaterie ; ſouffrés les afflictions ſans impatience,
ſoyez humbles ſans affectation. Ayez une pieté ſans
fard , une conſcience ſans corruption : qu'il y ait de
la ſincerité dans toute vôtre conduite ; de la can-
deur , de la ſimplicité , de la probité. Alors Ieſus-
Chriſt vous voyant dans cette diſpoſition ſainte, bien
loin de dire , *que jamais ne naiſſe aucun fruit de toy* , ou-
vrira ſa bouche pour vous rendre ce témoignage ho-
norable, Voicy de vrais Chrétiens ſans fraude ; & il
y ajoûtera ſa Benediction pour les nouvelles crea-
tes , *croiſſez & multipliez.*

Abraham auroit pû ſauver Sodome avec dix Iu-
ſtes. Ah ! s'il ſe trouve ſeulement dans vôtre Figuier,
dix fruits de Iuſtice , vous faites infailliblement vôtre paix avec Dieu. Voyez de combien peu ſe contente , celuy qui peut exiger tout. Mais ſçavez-
vous le moyen de faire porter des fruits de Iuſtice à
vôtre Figuier. S'il eſt ſous les yeux de Ieſus-Chriſt,
il faut encore le joindre avec luy ; il faut anter le
Figuier ſur l'Arbre de la Croix , vôtre Figuier ſte-
rile ſur l'Arbre chargé de fruits. Alors vôtre Figuier qui eſt comme un arbre mort , participant à la
ſéve myſtique de l'Arbre de vie , étant arroſé du
Sang de Ieſus, portera auſſi des fruits , d'humilité
& de modeſtie ; de temperance , de chaſteté & de
patience ; de pieté , & de charité ; des fruits de Figuier , je veux dire , des fruits de concorde , de cle-
mence, d'eſprit doux.

Il y eut trois Officiers, qui allerent trouver le Prophete Elie. Le premier fut confumé par le feu du Ciel, le fecond perit de même dans les flammes, qui châtierent feverement l'infolence de l'un & de l'autre. Mais le troifiéme, humilié par l'exemple funefte de ceux qui l'avoient precedé, demanda la vie, & il l'obtint. Le premier de ces hommes, eft le Figuier de la Nature, qui ne porte que des feüilles d'oftentation, & de vertus Payennes. Le fecond, c'eft le Figuier de la Loy, qui n'eft chargé que de feüilles Iudaïques, de l'orgüeil de la Iuftice de la Loy. L'un & l'autre font confumez par ce feu fortant de la bouche de Iefus-Chrift, *que plus ne naiffe aucun fruit de toy.* Mais le troifiéme, c'eft le Figuier du Royaume des Cieux, qui paroît fous les Yeux de Iefus-Chrift, avec des fruits de foy, & de repentance. C'eft vous Chrétiens, qui inftruits, & rendus fages par la colere de Dieu, qu'il déploye fur le Gentil, & fur le Iuif, fur le Pécheur impie, & fur le Pécheur profane; C'eft vous qui renonçant à vôtre propre juftice, recourez au Thrône de la grace, pour embraffer la Iuftice de Dieu, qui eft par la foy. Ce Figuier là, obtiendra affurement mifericorde; & s'il y eut quatre Fleuves pour arrofer les Arbres du Paradis Terreftre, il y aura un Ocean de Graces, & de Confolations, pour entretenir le fuc & la vie du Figuier du Royaume des Cieux.

Ie finis par ces belles & agreables paroles du Sage, dans le Cantique. *Voilà l'Hyver eft paffé, le tems des grandes pluyes eft changé; elles s'en font allées, les fleurs paroiffent fur la Terre, le temps de chanter eft venu, & la voix de la Tourterelle a déja été ouïe dans nôtre contrée.* O changement favorable & ra-

viſſant ! D'où viennent ces beaux jours ? Ces jours
de joye & de delices ? *Le Figuier*, ajoûte le Sage,
a jetté ſes figons. Deſirez-vous, mes Freres, la lai-
ſon douce, des jours de grace, & de benediction ?
Deſirez-vous écarter les nuages de la colere de
Dieu, & les éclairs de ſa Iuſtice ? Voulez-vous ra-
mener le tems ſalutaire de l'Evangile, & les bonnes nouvelles de ſa grace & de ſa paix ? Les témoignages de l'amour tendre de Dieu, & les plus
precieuſes faveurs ? O que vôtre Figuier jette ſes
figons ! Mettez aujourd'huy ſous les Yeux de Ieſus-
Chriſt, les premices des fruits qu'il demande ; un
commencement de rapport, des diſpoſitions veritables aux bonnes œuvres. Dieu a commandé les
bonnes œuvres. Elles ſont neceſſaires au ſalut.
Elles ſont les devoirs du Chrétien ; les ſeaux de
ſon Election ; les caracteres de ſon Adoption ; les
rayons de ſon Eſperance. Elles ont une lumiere,
qui fait éclater aux yeux des hommes, la gloire de
Dieu ; & une chaleur, qui fait ſentir aux fideles
même, l'amour de Dieu. *Elles ſont*, dit un Ancien, *le chemin du Royaume.* Qu'il y ait au moins
en vous aujourd'huy devant Dieu, des eſperances
de ces bonnes œuvres. Ouvrez vôtre cœur, afin de
pouſſer de bonnes & de ſaintes penſées ; des mouvemens de pieté & de charité. Ouvrez vôtre bouche
en paroles de ſuplication, de louanges, & d'actions
de graces. Vous attirerez une proſperité floriſſante.
Dieu changera *le pleur du ſoir, dans le chant de triomphe
du matin. Vôtre pieté vous ſera profitable à toutes choſes.
Elle aura les promeſſes de la vie preſente, & de la vie
avenir.* Dieu vous couronnera de *gratuitez & de com-
paſſions.* Ainſi ſoit-il, ainſi ſoit-il.

F I N.

www.ingramcontent.com/pod-product-compliance
Lightning Source LLC
LaVergne TN
LVHW011410170726
843501LV00006B/2112